QUESTO LIBRO APPARTIENE A

SCRIVI QUI IL TUO NOME

Geronimo Stilton

A TU PER TU CON

Testi di Geronimo Stilton
Coordinamento testi di Lisa Capiotto / Atlantyca S.p.A.
Collaborazione editoriale di Silvia Sacco Stevanella

Coordinamento editoriale di Patrizia Puricelli
Editing di Maria Ballarotti

Illustrazione di copertina di Silvia Bigolin (disegno) e Christian Aliprandi (colore)
Art Director: Iacopo Bruno
Graphic Designer: Emilio Ignozza / *the*World*of*DOT

Illustrazioni della storia di Danilo Barozzi (disegno), Valeria Cairoli (base colore)
e Valentina Grassini (colore)
Coordinamento artistico di Lara Martinelli
Progetto grafico di Michela Battaglin
Impaginazione di Chiara Cebraro

Da un'idea di Elisabetta Dami
www.geronimostilton.com

Pubblicato per PIEMME da Mondadori Libri S.p.A.

info@edizpiemme.it

Stilton è il nome di un famoso formaggio prodotto in Inghilterra dalla fine del 17° secolo. Il nome Stilton è un marchio registrato. Stilton è il formaggio preferito da Geronimo Stilton. Per maggiori informazioni sul formaggio Stilton visitate il sito www.stiltoncheese.com

Anno 2019 - 2020 - 2021 Edizione 1 2 3 4 5 6 7 8 9 10

Stampa: ELCOGRAF S.p.A. - via Mondadori, 15 - Verona

Geronimo Stilton

A TU PER TU CON FRIDA KAHLO

LA PITTRICE DAL CUORE CORAGGIOSO

PIEMME

ECCO A VOI ASTRID

Buongiorno amici,

sono ASTRID, l'Assistente Spazio Temporale Robotica Inter-Dimensionale!

Ficcagenio Squitt mi ha creata per aiutare Geronimo Stilton a scrivere libri sui grandi geni del passato.

Grazie a me, Geronimo può portare a Topazia il genio che preferisce per intervistarlo.

So creare un varco spazio-temporale in tre facili mosse e dispongo di un catalogo infinito di geni da contattare.

I miei comandi sono facilissimi da usare: provare per credere!

MODALITÀ BASE

1 GRAZIE ALLA FUNZIONE 'CHIACCHIERAMATIC', PARLO CON GERONIMO E CAPISCO DI QUALE GENIO HA BISOGNO.

2 ATTIVO UNA RICERCA RAPIDA IN TUTTE LE EPOCHE, FINCHÉ TROVO IL GENIO ADATTO PER IL NUOVO LIBRO.

APPLICAZIONI

SCEGLI IL TUO GENIO
UN CATALOGO COMPLETO DI TUTTI I GENI ESISTITI SULLA FACCIA DELLA TERRA.

FOTO GENIALI
RECUPERA TUTTE LE IMMAGINI ESISTENTI SU OGNI GENIO.

BENVENUTO
PREDISPONE L'OCCORRENTE PER FAR SENTIRE OGNI GENIO A PROPRIO AGIO.

GUARDAROBA
TROVA I CAPI DI ABBIGLIAMENTO PIÙ ADATTI PER OGNI GENIO.

NUTRI IL TUO GENIO
ORDINA IN TEMPO REALE I CIBI PREFERITI DA OGNI GENIO.

IMPREVISTI
GESTISCE QUALSIASI INCONVENIENTE POSSA CAPITARE AL GENIO DURANTE L'INTERVISTA.

3 CREO IL VARCO SPAZIO-TEMPORALE CON IL QUALE IL GENIO SCELTO PUÒ PASSARE DALLA SUA EPOCA ALLA NOSTRA. BASTA UN PASSO PER ATTRAVERSARE ANNI, SECOLI, MILLENNI... FACILE, VERO?!

Un incontro straordinario

Era un caldo sabato pomeriggio a Topazia e io ero in fila sotto il sole da più di due ore. Mi stavo sciogliendo come uno STRACCHINO... *Squit!*

Volevo visitare la mostra di pittura moderna di cui parlava tutta la città. Dovete sapere che l'arte mi fa frullare i baffi per l'emozione!

Ma che sbadato... non mi sono ancora presentato!

Il mio nome è Stilton, Geronimo Stilton, e dirigo l'*Eco del Roditore*, il **giornale** più famoso dell'Isola dei Topi.

Dov'ero rimasto? Ah, sì! Stavo finalmente per entrare alla mostra, quando il mio telefono iniziò a squillare. Non feci in tempo a dire 'Pronto', che una voce **tonante** mi frullò i timpani: – Nipoteee! A che punto sei con la nuova biografia?

Era mio nonno Torquato Travolgiratti, detto Panzer. Ma di che cosa stava parlando?
Perplesso, gli chiesi: – Biografia?
– Non hai letto la mail che ti ho mandato? Sei il solito **babbeozzo**!
– Quale mail? – domandai, sempre più perplesso.
Nonno Torquato strillò: – La mail che ti ho mandato ben un minuto e mezzo fa! Entro domani ci serve un nuovo libro su un grande genio della Storia. Dovresti aver già scelto almeno il titolo, anzi fatto il sommario, anzi *scritto* un capitolo!!!

Per mille mozzarelle, aveva detto 'domani'?!
Non ce l'avrei mai fatta!
Provai a protestare: – Veramente, in questo momento sono a una mostra d'arte...
Lui replicò: – L'arte va benissimo per la nostra collana sui geni. Racconta la vita di un ARTISTA! E datti una mossa, o ti metto a temperare le matite!
I baffi mi si afflosciarono per lo sconforto.
Non mi restava che abbandonare la mostra e tornare di corsa in ufficio a lavorare.
Quale genio dell'arte avrei potuto intervistare?
Per fortuna avevo ASTRID, l'Assistente Spazio Temporale Robotica Inter-Dimensionale, costruita da Ficcagenio Squitt!
Appena arrivai in ufficio, le chiesi: – ASTRID, mi dai un'idea? Vorrei intervistare un grande artista, ma non mi viene in mente chi...
ASTRID emise un *bip* e disse: – Roditore Stilton, il mio rilevatore di indecisione e fifa felina (*come dite voi creature di pelliccia*) si è attivato. Mi serve un input più preciso.

Io mi concentrai e dissi: – Vorrei INTERVISTARE una personalità unica, inimitabile, coraggiosa, brillante, stravagante, creativa e...
– Basta così, ho capito – esclamò ASTRID. – Comando attivato!
Gli anelli di ASTRID cominciarono a ruotare, finché il varco spazio-temporale si aprì e una roditrice saltò fuori in un turbine di colori, esclamando:
– *¡Hola, ratón!*

Io sobbalzai: – Comecomecome?!
ASTRID tradusse prontamente: – Secondo il mio vocabolario integrato, la roditrice ha appena detto: *Ciao, topo!*
Per mille mozzarelle! Davanti ai miei occhi si era materializzata nientemeno che **Frida Kahlo**, la grande pittrice messicana!
Io dissi, con i baffi che mi frullavano per l'emozione: – Buongiorno, signora Kahlo! Mi chiamo Stilton, Geronimo Stilton, e sono un giornalista. Mi piacerebbe tanto intervistarla per scrivere un libro su di lei!
Frida Kahlo commentò: – Volentieri! Strano, però… un attimo fa stavo dipingendo nel mio studio e ora mi ritrovo qui.
Poi lo sguardo le cadde su ASTRID e domandò:
– *Ay*, ma che cos'è quest'opera d'arte?
L'assistente rispose, con gli anelli che ondeggiavano d'orgoglio: – Si vede proprio che lei è un'intenditrice. Modestamente, sono stata **PROGETTATA** con tutti i circuiti al posto giusto!

– Ma è una scultura parlante! – esclamò Frida, sempre più entusiasta. – ¡*Muy** originale, *muy* particolare, *muy* futuristica!

Io mormorai: – Ehm… in un certo senso ha ragione: ASTRID è un'assistente interdimensionale e qui siamo nel… **futuro!**

Pensavo che la notizia l'avrebbe sconvolta, invece lei si mise a piroettare per l'ufficio con occhi sognanti: – Il futuro?! *Ay*, che avventura! Che meraviglia! Che prodigio! Chissà quanti spunti troverò per la mia **pittura!** Dipingerò il mio quadro più bello: parola di Magdalena Carmen Frida Kahlo y Calderón!

* In spagnolo significa 'molto'.

Sbrigati, Ciccetto!

Io mormorai, smarrito: – Come ha detto, scusi?
Frida sorrise e mi rivelò: – È il mio *nombre**! Mio padre era tedesco e mia madre **MESSICANA,** così ognuno ha aggiunto... una pennellata di colore della sua terra! Lei quanti nomi ha?
– Beh, io mi chiamo solo Geronimo – ammisi.
– *¡Muy bien**!* La sintesi è tutto nell'arte!
ASTRID puntualizzò: – Mi risulta che tra i nomi del roditore Stilton ci siano anche: Geronimello, Geronimuccio, Ciccetto, Babbeozzo…
Frida non le badò e continuò: – Alla fine ho deciso di farmi chiamare Frida e basta. Deve sapere che…
Cominciò a raccontarmi la storia del suo nome.
Io allora presi una ***penna*** e mi misi a scrivere sul mio taccuino: iniziava l'intervista!

* In spagnolo significa 'nome'.
**In spagnolo significa 'Molto bene!'.

MI PRESENTO, SONO... FRIDA!

(IL MONDO IN UN NOME)

Frida aveva ben tre nomi: Magdalena Carmen Frida, ma tutti la chiamavano semplicemente Frida. Il suo nome viene dalla parola 'Frieden', che significa 'PACE' in tedesco, la lingua madre di suo papà.

Oltre ai tre nomi, aveva anche due cognomi. Il primo, Kahlo, era quello di suo padre Guillermo, emigrato in Messico dalla Germania. Il secondo invece era quello della sua mamma, Matilde Calderón y González, che aveva origini spagnole e amerinde: discendeva cioè dalle popolazioni NATIVE dell'America Latina.

Quando Frida terminò di raccontare, mi sembrava di aver viaggiato in un batter di baffo dalle vette della Germania alle spiagge del Messico!
Il suo sguardo si accese di entusiasmo. – Nelle mie origini ci sono la neve e il mare, il vento e il sole, il freddo e il *calor**! È nei contrasti che nasce il *fuego** della creazione, la *fuerza** della pittura!
Per mille formaggini stagionati!
Quella sì che era una roditrice in zampa!
Forse era proprio in quei contrasti il SEGRETO che aveva reso lei e i suoi dipinti famosi in tutto il mondo?
Io le chiesi: – Lei ha sempre amato l'arte?
– *¡Claro que sí**!* – mi rispose senza esitazione.
– E il merito è del mio carissimo papà: era un fotografo e adorava la pittura e la letteratura.
Diceva sempre che somigliavo tantissimo a lui e mi ha trasmesso tutte le sue **passioni!**
Frida si lanciò in un nuovo racconto e io ricominciai subito a scrivere. Non volevo perdermi neanche una parola!

*In spagnolo, *calor*, *fuego* e *fuerza* significano 'caldo', 'fuoco' e 'forza'.
**In spagnolo significa 'Certo che sì'.

UN PAPÀ ARTISTA

(MOLTO SIMILE A LEI...)

Guillermo, il papà di Frida, era un fotografo: il suo lavoro era **IMMORTALARE** i più importanti edifici del Messico. Era taciturno e dedicava grande cura a ciò che faceva. Da bambina, Frida amava stare accanto a lui, mentre con un pennellino ritoccava le foto che aveva scattato.

Le insegnò a farlo e fu importantissimo per il suo futuro di pittrice!

Guillermo era un uomo elegante e colto, **APPASSIONATO** di arte, musica classica e filosofia. Aveva uno sguardo molto intenso, lo stesso di sua figlia.

Frida era una bambina vivace, ma amava anche perdersi in FANTASTICHERIE. A sei anni aveva perfino un'amica immaginaria, con cui condivideva giochi, danze e segreti!

Era anche molto delicata: per questo suo padre insistette perché rinforzasse il fisico, dedicandosi a sport come il calcio, la boxe, il nuoto... tutte attività che all'epoca non erano considerate adatte alle bambine beneducate!

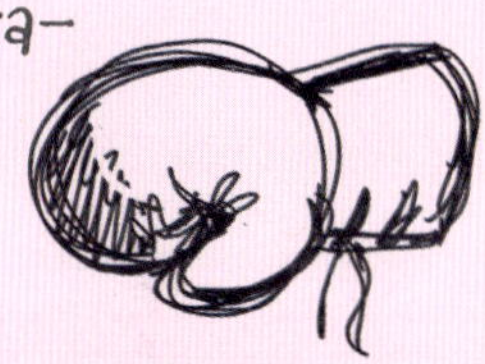

Frida amava molto il suo papà: era tenero e affettuoso, le stava vicino quando era in difficoltà e la **ISPIRAVA** con il suo lavoro. Soprattutto lo sentiva molto simile a se stessa: anche Guillermo nascondeva sotto una maschera di apparente tranquillità un'anima vivace, piena di creatività e passione!

Stavo ascoltando, rapito, il racconto della pittrice, quando risuonò un grido AGGHIACCIANTE.
Che fifa felina!
Con i baffi tremanti rassicurai Frida: – Non si preoccupi... ehm... è solo lo squillo del mio telefono!
Anche se non riuscivo ad abituarmi a quel suono terrificante, sapevo già chi mi stava chiamando: era Tenebrosa, che aveva insistito perché impostassi una suoneria frullatimpani. Voleva essere sicura che sentissi le sue telefonate!
Schiacciai il tasto 'rispondi' e con disinvoltura dissi: – Pronto?
– Ah, sei già pronto, Ciccetto?! – strillò la mia (*quasi*) fidanzata. – Allora corri qui da me: devo farti vedere una cosa importantissima!
Io farfugliai: – Ehm… scusami, Tenebrosa, ma... sono molto impegnato con il mio nuovo libro! Non potremmo fare un pochino più tard…
Ma lei non mi lasciò il tempo di finire: – Su, Ciccetto, non farmi venire la muffa ai baffi… Scriverai un'altra volta! Ora vieni qui subito, subitissimo,

immediatamente! Allora, ti sbrighi?! Io, Benjamin e Trappy ti stiamo aspettando!

Per mille mozzarelle, Tenebrosa, quando ci si mette, è un vero TORNADO.

Provai a prendere tempo e dissi: – Sei ancora lì?

Ma lei aveva già riagganciato.

Con i baffi afflosciati per lo sconforto, mi scusai:

– Sono davvero desolato, ma la mia, ehm… (*quasi*) fidanzata ha bisogno del mio aiuto!

Frida fece ruotare la sua gonna colorata e sospirò: – Al *corazón** non si comanda! Sarò felice di accompagnarla e di conoscere la sua AMATA.

Io obiettai timidamente: – Non sono sicuro che sia una buona idea, signora Kahlo… Tenebrosa ha un carattere un pochino imprevedibile.

Ma Frida era decisa, anzi decisissima:

– Sono *muy muy muy* curiosa di conoscerla! Verrò con lei, così potremo CONTINUARE la nostra intervista. E non mi chiami *señora*… mi chiami Frida. E diamoci del tu!

*In spagnolo significa 'cuore'.

Senza lasciarmi il tempo di **AGGIUNGERE** altro, era già fuori dal mio ufficio.
Ah, perché perché perché capitano tutte a me?!

Il bernoccolo per la pittura

Quando arrivammo nella Valle Misteriosa, il cielo era grigio come la muffa del gorgonzola, la nebbia era più densa di una fonduta e tetri ululati si levavano dal BOSCO che circondava Castelteschio.
Temevo che Frida, abituata ai colori del Messico, si sentisse a disagio, invece si guardò attorno ed esclamò, piena di ENTUSIASMO: – Che atmosfera suggestiva! Che posticino silenzioso e tranquillo! Sarebbe perfetto per dipingere.
Appena parcheggiammo di fronte al castello e smontammo dall'auto, però…
– Largoooo! Fate passareeee! – gridarono due roditori che trasportavano una grossa cassapanca e che per un baffo non ci TRAVOLSERO.
– Attenti allo spruzzo! – strillò un idraulico.

Non feci in tempo a scansarmi, che uno schizzo mi **INZUPPÒ** una zampa. *Squit!*

– Non appoggiatevi alla vernice frescaaaa! – ci avvertì un altro operaio, che tinteggiava la facciata.

Era tutto un gran viavai e Castelteschio era sottosopra, come una caciotta appesa a testa in giù.

Per mille mozzarelle, che cosa stava succedendo?

Ma ecco Benjamin e Trappy, i miei nipoti adorati!

– Zio, sei arrivato! – esclamarono in coro.

Tenebrosa, dietro di loro, era intenta a dirigere i lavori: – Quel viola incubo dev’essere più **LUGUBRE!** E fate attenzione con quella bara, è la preferita per le pennichelle di papà Sotterrasorci!

Io le andai incontro. – Ehilà! Eccomi!

– Ciccetto! – esclamò lei appena mi vide. – Quanto ci hai messo ad arrivare? Ero così impaziente di mostrarti…

Ma si interruppe all'istante, appena vide la roditrice che mi accompagnava.
– E lei chi è? – mi chiese secca, diventando rossa come un **papavero**.
Frida le tese la zampa e si presentò: – *Hola*, mi chiamo Frida! E tu devi essere la (*quasi*) fidanzata del mio amico Geronimo!
Tenebrosa divenne verde come un ramarro.
– *Quasi* fidanzata? Il *mio amico* Geronimo? Ciccetto, esigo delle spiegazioni!!!
Perché, perché, perché capitano tutte a me?
Mi affrettai a dire: – Tenebrosa, non è come pensi! Lei è la pittrice Frid…
– *Pittrice?* Ah, è anche un'artista!!! – mi interruppe Tenebrosa, che dal rosso papavero era diventata viola come un **PIPISTRELLO**. – Allora, se ti piacciono le pittrici, eccoti un tocco di colore!
Afferrò un rullo appoggiato sul bordo di un secchio e mi **SPRUZZÒ** la giacca con la pittura.
Ma il rullo le sfuggì di mano e… rimbalzò dritto sulla mia zucca. *Ahia!*

Tenebrosa accorse in mio aiuto. – Povero Ciccetto! Ti sei fatto male?

Io mormorai, con il BERNOCCOLO che già mi spuntava sulla testa: – Figurati, non è niente!

Frida però si mise a fissare la mia botta con grande interesse e disse: – *Ay*, che magnifico esemplare! *Muy* espressivo, *muy* delicato, *muy* armonioso! Mi piacerebbe tanto DISEGNARLO.

Io la guardai curioso e chiesi: – Disegni bernoccoli?

Frida scoppiò a ridere: – Se è per questo, faccio anche clavicole, gomiti e OSSA!

Poi si perse nei ricordi: – Devi sapere che non ho sempre fatto la *pintora**: prima di dedicarmi all'arte, studiavo per diventare medico. Poi ho unito le mie due **PASSIONI**, la medicina e il disegno, grazie all'illustrazione anatomica.

Frida iniziò a raccontare e io presi appunti: volevo raccogliere più informazioni possibili per scrivere un libro coi baffi!!

*In spagnolo significa 'pittrice'.

PRIMA DI DIPINGERE

(ARTE E MEDICINA)

Nel 1922 Frida venne ammessa alla Escuela Nacional Preparatoria, necessaria per poter frequentare l'**UNIVERSITÀ**. Per lei fu una vera sfida... e non solo perché era una delle migliori scuole di Città del Messico.

Solo da pochissimo, infatti, l'istituto aveva permesso anche alle ragazze di iscriversi: su oltre duemila studenti, la futura pittrice fu una delle trentacinque allieve ammesse!

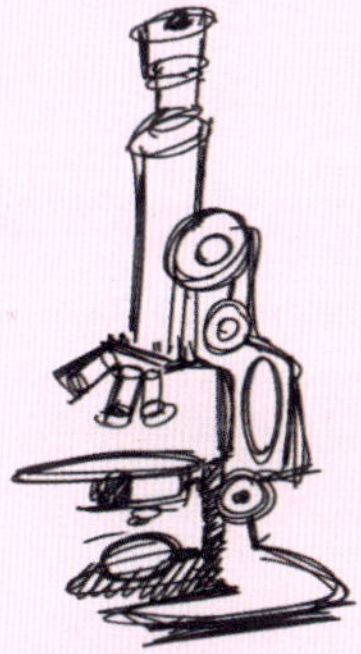

Frida scelse un corso di studi incentrato sulle scienze naturali: sognava infatti di diventare **MEDICO**.

Purtroppo però, quando aveva appena diciott'anni, un incidente la costrinse a letto per molto tempo e Frida dovette rinunciare agli studi.

Ma l'interesse per le scienze non la abbandonò.

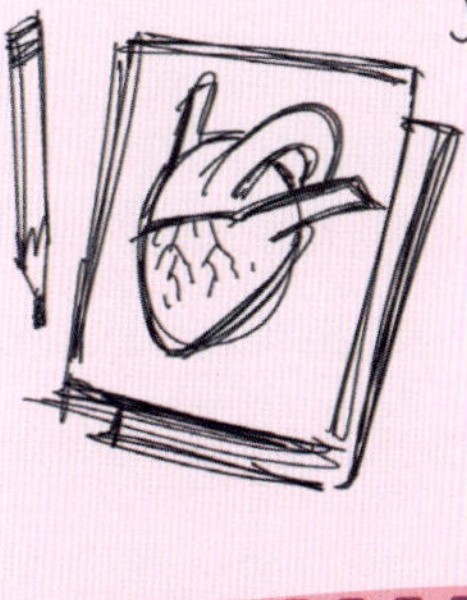

Si appassionò ai disegni anatomici, che rappresentano il corpo umano e i suoi organi in modo **REALISTICO**, e li inserì persino nei suoi quadri!

Appena la mia nuova amica finì di raccontare, Benjamin esclamò: – Ma lei è la famosa PITTRICE Frida Kahlo!

Tenebrosa la guardò meglio e disse: – Mi sembrava di averla già vista. Potevi dirmelo subito, Ciccetto!

Io mormorai: – Veramente… ci ho provato!

Lei allora cambiò espressione e disse: – Che emozione, una grande artista nella mia dimora! Però… com'è possibile?

Le raccontai di ASTRID e le dissi che doveva restare un SEGRETO SEGRETISSIMO.

Tenebrosa annuì. – Sarò una tomba, Ciccetto!

Poi si girò verso Frida e con un sorrisone le disse:

– Vorrei tanto avere qualche tuo consiglio, cara.

Mi feci coraggio e chiesi: – Consiglio su che cosa?

Tenebrosa disse: – Ti dicevo che ho una bellissima SORPRESA, Ciccetto! Sto facendo ristrutturare l'ala del castello in cui andremo a vivere.

Io chiesi: – Ehm… tu e chi?

– Ma io e te, dopo le nostre nozze! I lavori sono quasi finiti, resta solo da scegliere l'arredamento.

Ma per quando ti sarai trasferito qui, sarà tutto sistemato! Sei contento, Ciccetto? Ehi, Ciccetto?!
Io non riuscii a rispondere: mi sentivo svenire!
Trappy mi **GUARDÒ** preoccupata: – Tutto bene, zio? Sei bianco come una mummia!
Frida sospirò: – È l'emozione! Ah, l'*amor*…
Tenebrosa prese a farmi aria con un ventaglio a forma di pipistrello. – Su, Ciccetto, riprenditi! Abbiamo un sacco di lavoro da fare!
Frida allora ci mostrò una foto e si intenerì:
– Sapete, anch'io ho un grande amore: si chiama Diego ed è la mia dolce metà… anche se è il doppio di me! Ci chiamano *el elefante y la paloma,* l'elefante e la colomba!
A quelle parole, agguantai il taccuino e ricominciai a scrivere!

UN GRANDE AMORE

(L'ELEFANTE E LA COLOMBA)

Frida Kahlo e Diego Rivera si conobbero nel 1928. Lei si era messa ai pennelli da poco, lui era già un famoso **PITTORE** specializzato in murales, i grandi dipinti realizzati sulle pareti degli edifici.

Quando Frida gli chiese un'opinione sui suoi quadri, Diego rimase stupefatto: per lui fu subito ovvio che quella ragazza era un'autentica artista!

In realtà, già qualche anno prima, quando era ancora una studentessa, Frida aveva potuto osservare Diego, pur senza conoscerlo, mentre dipingeva il grandioso murales **LA CREAZIONE** su una parete della Escuela Nacional Preparatoria.

Tra loro iniziò una sorprendente storia d'amore e si sposarono l'anno successivo.
Erano una coppia insolita: lui era alto e imponente, lei minuta e fragile... ecco perché li chiamavano *l'elefante e la colomba*!

Ma avevano tante cose in comune: oltre alla pittura, condividevano il legame con le tradizioni messicane, le letture e molto altro.

Entrambi erano imprevedibili, sensibili, sognatori, avevano caratteri **FORTI** ed erano sempre pronti a scontrarsi. Eppure, nonostante le tante tensioni fra di loro, i due artisti erano per tutti semplicemente Diego e Frida... quasi fossero una cosa sola.

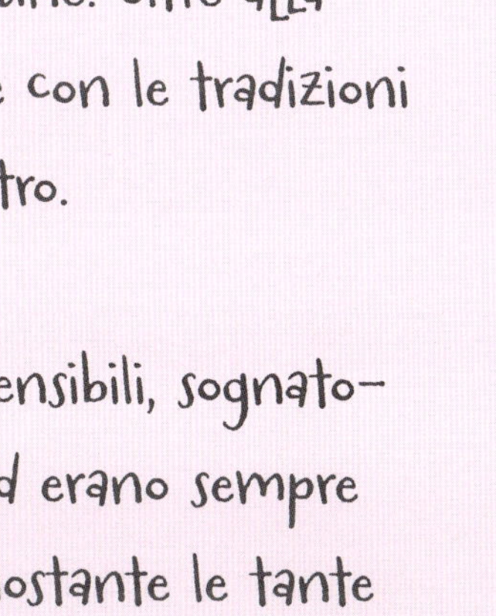

Un arredatore coi baffi

Io, Tenebrosa e i miei nipoti ascoltammo Frida in silenzio: la sua *storia d'amore* con Diego Rivera era romantica, intensa… e anche un po' frizzante!
Tenebrosa mormorò: – Oh, Ciccetto, anche noi staremo insieme per sempre! Non vedo l'ora di arredare il nostro nido d'amore! Forza, cominciamo!
E ci **TRASCINÒ** nel castello, fino alla camera da letto dell'ala che stava ristrutturando.
Arrivati lì, chiese: – Che ne dici, Frida, come cambieresti le tende? Sono stanca di questo colore grigio catacomba. Che cosa ne pensi di un bel lilla bava di mostro?
Frida rispose: – Oh, cara, sarebbe *muy* interessante, ma io vedrei meglio un verde ramarro!
– Verde ramarro? Ma che offesa al buon gusto!

Lo sanno tutti che adesso sono *trendy* il verde broccolo e il rosa cipolla! Come siete *out*!

Chi aveva parlato?

Ci voltammo tutti e ci accorgemmo che sulla soglia della camera era comparso un tipo, anzi un topo, vestito in modo stravagante.

Aveva una giacca sgargiante con le spalle enormi, pantaloni aderentissimi, ciabatte foderate di pelliccia di gatto sintetica e un paio di occhialoni dalle lenti colorate.

Tenebrosa era molto sorpresa.

– E lei chi è? – gli chiese.

Il roditore alzò un sopracciglio e disse: – Come? Non mi riconosce? Sono Orpello Vellutozzi, il più FAMOSO arredatore di Topazia! Ho letto il suo annuncio online sul sito www.caciodesign.top ed eccomi qui!

Tenebrosa si batté la fronte.

– Oh, l'annuncio! Che sbadata, l'avevo dimenticato! Va bene, signor Vellutozzi, l'incarico è suo, ma dovrà lavorare fianco a fianco con la mia amica Frida. Viene dal **Messico** e ha un gusto favoloso!
Vellutozzi arricciò il naso.
– Lei è una designer professionista? Vedo che ha un gusto alquanto… floreale – commentò, scrutando dubbioso la coroncina di boccioli che ornava i capelli della pittrice. – Un look molto *garden*, molto **botanic**, direi! Lei si intende di arredamento o è una dilettante?
Frida lo spiazzò con una risata: – Ha ha ha! Lei è *muy* divertente! Certo che mi intendo di arredamento, me ne intendo moltissimo! Deve sapere che ho ben due **case**: quella che condivido con mio marito Diego e la mia amatissima casa d'infanzia, la Casa Azul.
Io ero tutt'orecchi.
Tirai fuori il taccuino, pronto a trascrivere le parole di Frida a una a una, mentre si lanciava in un nuovo avvincente racconto sulla sua vita.

DUE CASE... ANZI, TRE!

(ABITAZIONI SU MISURA)

Frida trascorse la sua infanzia nella famosa **CASA AZUL**, a Città del Messico, nella zona chiamata Coyoacán.

L'edificio era a forma di ferro di cavallo, con un patio centrale che collegava tutte le stanze e i muri dipinti di blu: il suo nome in spagnolo significa infatti 'casa blu'!

La Casa Azul era l'abitazione di **FAMIGLIA** dei Kahlo. Guillermo la costruì tre anni prima della nascita di Frida, nel 1904, e lei visse lì per tutta la sua giovinezza.

Frida tornò a vivere nella Casa Azul nel 1941, insieme a Diego. Con lui la riempì di nuovi colori, dipinti, oggetti artigianali, reperti archeologici... Era un'abitazione che in ogni angolo parlava delle loro **PASSIONI**!

La Casa Azul non fu però l'unica abitazione di Frida e Diego: prima di trasferirsi lì, i due vissero nel vicino quartiere di San Ángel e condivisero una casa... doppia!

L'architetto Juan O'Gorman progettò infatti per loro una costruzione **BIZZARRA**, che somigliava tantissimo ai due proprietari. Era composta da due case diverse e indipendenti (una, enorme, per Diego, e un'altra, piccola, per Frida), unite da... un ponte!

Quando Frida finì di raccontare, Vellutozzi scosse la testa e disse: – Qui non bisogna solo ristrutturare: bisogna RI-VO-LU-ZIO-NA-RE! Eliminiamo le sedie: sono *out*! E le finestre? Su-pe-ra-te: muriamole tutte!

– Lei dice? – commentava Tenebrosa, perplessa.

Frida tagliò corto: – È ora di darsi da fare: questo posto diventerà una dimora da SOGNO! Cominceremo... con la camera da letto. *¡Ándale, amigos*!*

*In spagnolo significa 'Forza, amici!'.

Una stoffa da incubo

Frida prese a girare per la stanza in cerca di ispirazione. A un tratto esclamò: – Questa casa ha molte POTENZIALITÀ! Per esempio, quel comodino si potrebbe abbellire con tanti teschietti di zucchero, come vuole la tradizione *mexicana*.

Tenebrosa commentò: – Che idea deliziosamente macabra, cara Frida! Siamo sulla stessa lunghezza d'onda.

L'artista continuò a fantasticare: – Oppure potremmo decorare le pareti con una fantasia di animali: pappagalli e *monitos** sono i miei soggetti preferiti! Ah, che colori! Che **ENERGIA!** Ho sempre amato gli animali!

L'artista iniziò a raccontare e io, quatto come un ratto, tirai fuori il taccuino per prendere appunti!

*In spagnolo significa 'scimmiette'.

DENTRO LA TELA

(ANIMALI, PIANTE... IN UN'ESPLOSIONE DI COLORE!)

Frida ritraeva ciò che le parlava della sua terra natale: frutti tropicali, come noci di cocco, manghi e papaye; animali esotici, come pappagalli e scimmiette; cactus, agavi e, sullo sfondo, la terra rossa del Messico!

I personaggi, gli oggetti e gli animali da lei ritratti sembrano immersi in un'insolita atmosfera **SENZA TEMPO**: ecco perché, osservando i suoi dipinti, si ha l'impressione di sbirciare in mondi lontani e pieni di enigmi!

Frida portava sulla tela tutto ciò che la rendeva triste o felice, ogni ***EMOZIONE*** e pensiero, per quanto profondo e nascosto.

Ma lo strano mondo che Frida dipingeva per lei era reale. Lo sottolineò anche durante un'intervista, quando disse: 'Ho sempre dipinto la mia realtà, non i miei sogni'.

D'altronde Frida stessa si sentiva... **INSOLITA** come i suoi quadri. Spesso pensava che non esistessero persone con una sensibilità come la sua!

Pian piano, però, intuì che nell'universo ci dovevano essere tanti, tantissimi altri che a volte si sentivano un po' **SOLI**, come lei...

Nel suo diario rivolse a ciascuno di loro questo pensiero: 'Beh, spero che, se tu sei lì fuori e dovessi leggere ciò, tu sappia che sì, è vero, sono qui e sono strana proprio come te'.

Quando Frida finì di parlare, Benjamin era così ELETTRIZZATO che esclamò: – Che artista stratopica!
Orpello Vellutozzi invece non sembrava per niente impressionato…
– Animali? Sono antichi, sorpassati, *OUT!* – sbuffò l'arredatore. – L'ultimo grido è lo sfrangiato: lo dice anche Divanosky, il mio maestro! *Voilà!* Ammirate la mia opera!
Tenebrosa si voltò e divenne pallida come una mummia: non si era accorta che, mentre Frida ci illustrava le sue idee, l'arredatore… *zic zac, zic zac...*

Aveva TAGLIUZZATO tutte le tende! Io stesso non mi ero reso conto che… aveva tagliuzzato anche la mia giacca!
Zacchete! Zicchete! Zicchete Zacchete!

Trappy mi guardò e scoppiò a ridere: – Con tutte quelle frange, zio, sembri proprio un cowboy… mentre sei la solita **SCAMORZA!**
Io fermai Vellutozzi prima che mi tagliuzzasse la cravatta: – Scusi, ma preferisco uno stile più classico!

Tenebrosa non sembrava molto soddisfatta del risultato. – Mmmm… – borbottò. – E così le frange sarebbero la moda del momento?!
Stava per protestare, ma Frida, con la sua energia travolgente, la coinvolse subito in un nuovo progetto: – Cara, penseremo dopo alle frange. Ora dobbiamo proprio cambiare la stoffa del letto a baldacchino. Mi sembra *muy* vecchia!
– In effetti è un drappo funebre rinvenuto in una tomba egizia – commentò Tenebrosa. – Ma sì, una rinfrescata non guasterà. Ciccetto, vai in salotto a prendere i campioni di stoffa da mostrare a Frida. Corri! Scatta! Ve-lo-ce!
In un batter di baffi corsi giù dalle scale, sollevai una pila di tessuti, risalii le scale e portai tutto in camera da letto. *Pant! pant!* Che fatica!
Frida esaminò le stoffe a una a una, commentando: – *Ay*, questo color palude fangosa è *muy* sfizioso, ma vedrei qualcosa di più INNOVATIVO… Anche la fantasia bulbo oculare è carina, ma non mi fa battere il *corazón*…

Tenebrosa annuiva e, dopo aver valutato tutti i tessuti, mi disse: – Ciccetto, cosa fai lì immobile come una mummia? Su, vai a prendere le altre stoffe!
Io mormorai: – Ehm... certo... Vado subito...
Puff! Pant!
Ridiscesi le scale, sollevai un'altra pila di tessuti, poi tornai al volo e misi le stoffe sul letto.
– Manca ancora quel non so che... – rifletteva Frida. – Un tocco unico, particolare, *especial*...
All'improvviso nella stanza entrò Nonna Crypta, accompagnata dall'inseparabile Dolores, la tarantola gigante.
– Allora, come procedono i lavori? – ci domandò.
– Da paura, nonna! – disse Tenebrosa, abbracciandola. – Grazie a questa straordinaria squadra di arredatori!
– Gradite un pasticcino al muco di bruco? – ci offrì la nonna, rovistando in un grosso cesto da pic-nic che portava tra le zampe. – Sono appena tornata dalla gita settimanale con le Amiche dei Ragni Orripilanti e sono avanzati molti dolci.

Frida esclamò: – Sìììììììììì! Che meraviglia!
Nonna Crypta la guardò un po' **perplessa**.
– Certo, cara, te lo do subito. Non c'è bisogno di gridare!
– Questa è la stoffa che cercavo! – si esaltò Frida.
– Che colori, che motivi, che disegni! Perfetta per un baldacchino *muy* originale!
Tutti ci scambiammo uno sguardo stupito: stava parlando della **TOVAGLIA** ripiegata nel cesto da pic-nic di Nonna Crypta?!

– Oh, sì, è davvero da incubo – concordò Tenebrosa, illuminata. – Ti dispiace se la prendiamo, nonna?
Lei gliela porse con un sorriso: – Ma certo, cara, fate pure. Vi consiglio di sbatterla un po', perché forse ci è rimasto qualche ragnetto attaccato... Ma sono sicura che sarà perfetta!

Diamoci un taglio!

Ormai in sintonia, come il cacio e lo stracchino, Frida e Tenebrosa CORSERO a prendere le misure del letto.

Tenebrosa era estasiata: – Tu sì che hai stile, Frida! Ho sempre ammirato i tuoi vestiti sgargianti, le tue gonne ricamate e le tue acconciature FLOREALI.

La pittrice esclamò: – *¡Gracias, amiga!**

Ma Vellutozzi commentò: – *Floreali*?! I fiori sono *out*! L'ultima moda sono le acconciature a fenicottero, che ci portano verso l'alto! Bisogna osare, slanciarsi, superare ogni limite!

Frida ci pensò su e disse: – Non è una cattiva idea!

Io colsi la palla al balzo e chiesi: – Frida, puoi parlarci del tuo originalissimo look?

Lei iniziò a raccontare e io presi appunti!

*In spagnolo significa 'Grazie, amica!'.

CHE STILE, FRIDA!

(Il Messico nei vestiti)

Frida amava indossare gli abiti tradizionali messicani. I suoi preferiti erano i costumi da TEHUANA, come erano chiamate le donne della regione messicana del Tehuantepec: erano capi finemente ricamati, adorni di pizzi e coloratissimi!

Nei suoi autoritratti amava RAFFIGURARSI con indosso lo huipil (una blusa realizzata con un unico rettangolo di tessuto), il rebozo (uno scialle da avvolgere sulle spalle) e ampie gonne decorate.

Tra gli accessori più insoliti delle donne Tehuana c'era il resplandor (o huipil grande), un velo

di merletto arricciato che faceva da cornice al viso. La pittrice lo indossa in due autoritratti: a suo marito Diego piaceva moltissimo.

Frida si sbizzarriva anche con le **acconciature**: sistemava i capelli in crocchie e grosse trecce, decorandoli con fili di lana variopinti, mollette, pettinini e fiori.

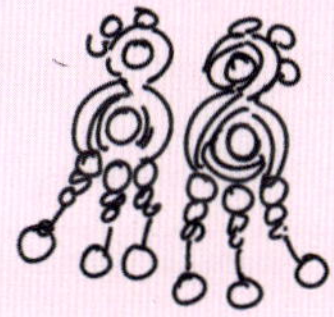

Aveva inoltre una grande passione per i gioielli: ne indossava di tutti i tipi, da antichi monili aztechi a buffe collane di perline.

Per lei la **SCELTA** degli abiti era importantissima! Le donne Tehuana erano forti, coraggiose e bellissime: indossando i loro abiti, Frida comunicava a tutti l'affetto che la legava al suo Messico.

Quando Frida terminò il suo racconto, Tenebrosa commentò: – Oh, credo proprio che prenderò spunto da te, Frida cara! Ora occupiamoci della stoffa: ti aiuto a TAGLIARLA, così il baldacchino sarà pronto in un attimo.
Frida stese la tovaglia, ma rimase di stucco.
Esclamò: – Oh, no! Questo sì che è *muy, muy, muy* **antipatico!**
Per mille formaggini stagionati: la tovaglia era tutta tagliuzzata!
Tenebrosa puntò su Vellutozzi uno sguardo da strinare i baffi e tuonò: – Per mille mummiette smummiate, è lei il **ResponsAbile?**
L'arredatore commentò: – Vi dico che le frange sono il futuro, il nuovo *must*, il top del top! Voi siete completamente *out*!
Chi aveva ragione? Io non ci capivo una crosta!
Stava per mettersi a tagliuzzare anche l'abito di Tenebrosa, ma lei gridò: – Basta così!!! Sa una cosa? Non sopporto queste frange! Non mi importa di che cosa è trendy!

Vellutozzi rimase **ZITTO**: aveva appena avuto un assaggio del caratterino di Tenebrosa!
Per fortuna Frida andò in suo soccorso, prima che la mia (*quasi*) fidanzata lo trasformasse in un ingrediente per lo stufato del Signor Giuseppe. La grande pittrice messicana sembrava molto paziente con gli artisti **incompresi!**
Si avvicinò a Tenebrosa e le disse: – Su, *amiga*, non prendertela. Le frange… ehm, lasceranno passare più aria d'estate, con il caldo!

– Forse hai ragione, Frida cara – si calmò lei. – E poi, se dovessi cambiare idea, ci sarà sempre il mio Ciccetto che mi aiuterà a **RICUCIRLE** tutte, a una a una! Non è vero, Ciccetto? Sarai un bravissimo sarto!

Cosacosacosa?! Per la coda spelacchiata del Gatto Mammone, ci avrei messo un'eternità!

Frida esplose in una risata divertita, poi disse:

– Non tutto è perduto, vedete? *¡Vamos!* Mi è venuta un'altra idea!

Un romantico ritratto

Seguimmo tutti Frida, curiosissimi di scoprire quale altra SORPRESA avesse in serbo per noi.

Ci portò in sala da pranzo, dove annunciò: – Nessun nido d'amore è completo senza i suoi piccioncini! *¿Verdad, Tenebrosa**?

– *¡Verdad, Frida!* – trillò Tenebrosa.

– Ma... intendete dire che dovrei già trasferirmi a Castelteschio? – chiesi io, con i baffi che mi frullavano per lo stress.

La pittrice svelò subito il **MISTERO**: – In un nido d'amore non può certo mancare un ritratto dei promessi sposi! E io lo dipingerò per voi.

Tenebrosa non credeva alle proprie orecchie e, attenta a non farsi sentire da Vellutozzi, mi sussurrò emozionata: – Avrò un dipinto originale di Frida

*In spagnolo significa 'Vero, Tenebrosa?'.

Kahlo qui, nella mia sala da pranzo? Che emozione! È un incubo che si avvera!
Anch'io mi sentivo lusingato e dissi: – Sarò **felicissimo** di posare per te, cara Frida!
– Sarete perfetti! – esclamò la pittrice. – I quadri appesi alle pareti sono un poco… lugubri: serve qualcosa di più variopinto. Questa stanza ha bisogno di un pizzico di **BRIO**, di colore, di vita!
Aveva ragione: quei quadri mettevano una fifa felina… Raffiguravano antichissimi antenati di Tenebrosa: la prozia Lapidia con i suoi grandi occhi, il trisavolo Bavus III a zanne sguainate e il bisbisbisbisnonno Sorciotorvo che teneva in grembo le sue **muffe** ammaestrate.

I miei nipoti non stavano nella pelliccia per l'emozione. Trappy esclamò: – Che bello, un disegno di Tenebrosa e Geronim*ello*! Possiamo aiutarti, Frida?
Lei li guardò con dolcezza e rispose: – *¡Claro que sí, chiquitos*!*
Vellutozzi intanto girava per la stanza, borbottando contrariato: – Non sono d'accordo! Il mio maestro, il sommo **Divanosky,** aveva un motto: *'I ritratti eliminiamoli tutti!'* Sono così *cheap***, così *démodé*, in altre parole così...
– ... *out!* – completarono Benjamin e Trappy, scambiandosi uno sguardo d'intesa.
Frida sbottò: – A me i ritratti sono sempre piaciuti, ne ho dipinti tantissimi. Soprattutto autoritratti: in fondo... sono proprio io la roditrice che conosco meglio!
Noi la guardammo perplessi e lei cominciò a spiegare che cosa intendeva.
Io allora colsi al volo l'occasione per prendere appunti. Con tutti questi racconti, il mio libro sarebbe diventato un capolavoro, me lo sentivo!

* In spagnolo significa 'Certo che sì, piccolini'.
** In inglese significa 'a buon mercato'.

UNA PITTRICE ALLO SPECCHIO

(DAL BALDACCHINO ALLA TELA)

Quando aveva diciotto anni, Frida fu costretta a letto per mesi, a causa di un grave incidente stradale in cui fu coinvolta.

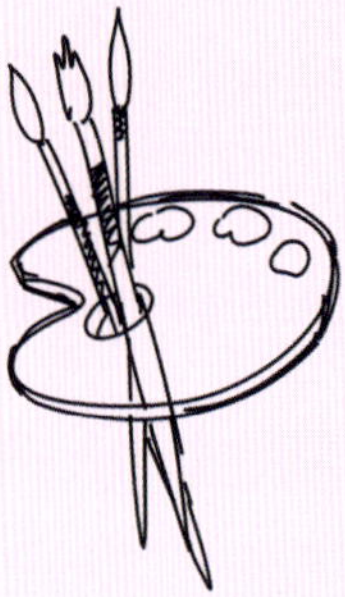

Per passare il tempo, chiese a papà Guillermo di prestarle una vecchia scatola di COLORI e di procurarle una tela per dipingere. Fu così che capì di volersi dedicare alla pittura, cominciando con il ritrarre... il suo piede che spuntava dalle lenzuola!

I genitori furono **FELICI** che Frida avesse scoperto questa passione e le fecero un regalo insolito: nella sua stanza montarono un meraviglioso letto a baldacchino, su cui fissarono un grande specchio. La ragazza così poteva osservare con attenzione il suo riflesso e ritrarsi sulla tela senza aver bisogno di alzarsi dal letto.

Da quel momento il soggetto preferito di Frida fu sempre... **SE STESSA!**

Dei suoi 143 dipinti, ben 55 sono autoritratti. Diceva: 'Dipingo me stessa perché passo molto tempo da sola e sono il soggetto che conosco meglio'.

Gli autoritratti in effetti erano il modo in cui la pittrice parlava di quello che accadeva intorno a lei. La aiutarono moltissimo a superare la lunga convalescenza e ad affrontare i momenti più difficili della sua vita. Fu negli AUTORITRATTI che Frida espresse il suo amore per la vita e tutto ciò che la rendeva unica!

Alla fine del suo racconto, la pittrice sentenziò:
– Ogni ritratto ha bisogno del suo sfondo. E io ne ho in mente uno STREPITOSO per voi, con tutti i colori del *México*! Mi servirebbero cavalletto, tela e pennelli, *por favor*. E poi frutta, fiori, stoffe colorate… e qualche animaletto!
Tenebrosa mi disse: – Ciccetto, sei ancora qui? Vai a prendere il necessario! Su, muoviti, corri!
Per fortuna i miei nipoti si offrirono di aiutarmi.
In un batter di baffo zampettammo su e giù per tutto Castelteschio, alla ricerca degli elementi giusti da inserire nel ritratto.
Alla fine la sala da pranzo era diventata… un vero STUDIO D'ARTISTA!
Oltre a tele, pennelli e colori a olio, traboccava di grappoli d'uva, manghi, banane, noci di cocco, papaye, limoni, margherite, girasoli e tante, tantissime dalie.
– Le dalie sono originarie del *México* – spiegò Frida.
– Mi piacerebbe che, guardandole, vi ricordaste sempre di me e della mia magica terra!

Tutti facemmo un cenno di assenso: eravamo rapiti da quell'arcobaleno di **COLORI!**
Poi Benjamin e Trappy radunarono le creature di Castelteschio al completo: lo scarafaggio Kafka, Dolores, la tarantola gigante... per ultimo arrivò anche Pipistrillo, che cominciò a svolazzare davanti alle folte sopracciglia di Frida con occhi adoranti. Forse le aveva scambiate per le ali di un'affascinante **pipistrellina!**
– Sembra che il mio Pipistrillo si sia innamorato! – trillò Tenebrosa, commossa.
Frida batté le mani, soddisfatta, ed esclamò:
– Benjamin, Trappy, come siete bravi! Vi chiamerò *Los Fridos!*
I miei nipoti esultarono: – Urrà! Ma... ehm… sono un gruppo musicale messicano?
Frida scoppiò in una fragorosa risata. – *¡Claro que no*! Los Fridos* sono i miei studenti preferiti alla Escuela Nacional de Pintura: è così che li chiamo!
Lei si mise a raccontare e io cominciai a scrivere la notizia sul mio **taccuino.**

*In spagnolo significa 'Certo che no'.

STUDENTI SPECIALI

(A LEZIONE NELLA CASA AZUL!)

Nel 1943 Frida diventò una delle insegnanti della Esmeralda, la scuola d'arte di Città del Messico. Era molto amata e **AMMIRATA** dai suoi allievi, perché sapeva aiutarli a tirare fuori il meglio di loro stessi e trovare uno stile unico e personale.

A causa dei suoi problemi di salute, ben presto le fu impossibile raggiungere le aule della scuola. Furono allora gli studenti a recarsi da lei: cominciarono a seguire le lezioni... nel suo giardino!

La Casa Azul diventò così la casa di 'LOS FRIDOS', i suoi allievi: lì dipingevano e coltivavano il loro grande amore per la pittura!

In posa, Ciccetto!

Frida guardò la stanza e rifletté: – Ora... mancano solo gli abiti **giusti**. Naturalmente dovete vestirvi in stile *mexicano*! Avete qualcosa di adatto?

Tenebrosa ricordò: – Nonna Crypta dovrebbe avere qualche vecchio costume giù nelle segrete. Secoli fa è andata in Messico con le Amiche dei Ragni Orripilanti per ammirare un **rarissimo** esemplare di tarantola baffuta.

Benjamin e Trappy corsero via e tornarono poco dopo con un paio di vestiti coloratissimi, pieni di balze, ricami e fiocchetti!

Vellutozzi commentò **altezzoso**: – *Tsk*! E poi non vi piacevano le mie frange! È meglio che vada a dare il mio tocco alle altre stanze del castello.

Tenebrosa era così felice che non lo ascoltò.

– Non vedo l'ora di indossarli! – disse. – Che cosa aspetti, Ciccetto? Su, vestiti! Ve-lo-ce!
Non avevo scelta... Mi infilai pantaloni, camicia, cappello e alla fine fui vestito di tutto punto.
Frida mi guardò SODDISFATTA: – Sembrate proprio veri messicani! E ora mettetevi in posa: dovete stare fermi per le prossime *tres horas.*
Tre ore??? Povero me! Ero in bilico su uno sgabello con una composizione di frutta esotica in una zampa e una chitarra nell'altra!
Dopo un po' che cercavo di stare immobile, iniziai a sentire un terribile PRURITO alla coda. Cercando di non farmi vedere, mi diedi una grattatina...
– Fermo, Ciccetto! – esclamò Tenebrosa.

– Ehm... Scusa... – feci io.
Ma dopo un po' iniziai a sentire un fortissimo PRURITO dietro le orecchie. Non resistetti e mi diedi un'altra grattatina...

– Fermo, Ciccetto! – strillò di nuovo Tenebrosa.
– Scusa... – feci io, paonazzo per l'imbarazzo.
Ma poi mi venne un PRURITO sulla punta del naso: questa volta non mi grattai, ma... scoppiai in un sonoro starnuto: – *Eeeeeeeet-cììììììììììì!*
Tenebrosa mi fulminò con lo sguardo.
Io avrei voluto sparire, ma per fortuna Frida girò la tela e ci mostrò il dipinto.
La mia (*quasi*) fidanzata commentò: – Amica mia, che *meraviglia!* È più bello di una notte di plenilunio, più romantico di un tramonto sul cimitero, più elegante di un sarcofago egizio! Andiamo a chiamare Nonno Frànchenstain e Nonna Crypta: voglio che lo ammirino!

Un tocco fashion!

In un batter di baffi io, Tenebrosa e i miei nipoti lasciammo lo studio, per andare a chiamare gli abitanti di Castelteschio. Quando tornammo… ci aspettava una BRUTTISSIMA sorpresa!
– *¡Caramba!* – esclamò Frida.
– Per mille salamandre! – gridò Tenebrosa.
– Poffartopo! – dissi io.
– Oh, nooo! – mormorarono Benjamin e Trappy.
Il ritratto era pieno di MACCHIE di vernice… di color giallo acido.
Mentre eravamo fuori, qualcuno aveva imbrattato il dipinto... e immaginavamo chi potesse essere!
Proprio in quel momento nella stanza ricomparve Orpello Vellutozzi: tra le zampe teneva un pennello e un barattolo di vernice…

– Spero abbiate gradito il mio tocco *esclusivo*! – disse. – Il giallo acido è il COLORE dell'anno: lo dice anche Divanosky! Avevo appena finito di dipingere tutte le bare del castello, quando ho notato il quadro e ho pensato: perché non renderlo più *fashion*, più *in*, più *cool*? Bisogna sperimentare, azzardare, *o-sa-re*!

Tenebrosa lo guardò con occhi di FUOCO e disse:

– *Osare*? Come ha *osato lei* rovinare così l'opera d'arte di Frida! Prenda il suo giallo acido e ci si dipinga i baffi!

– Ben detto! – aggiunse Frida. Poi fece una pausa carica di tensione e aggiunse: – Lei non è un arredatore, lei è un…

Ma poi si fermò di colpo, INDICANDO oltre la finestra un piccolo spiazzo erboso nel cortile, ed esclamò: – Bellissimo quel giardinetto! Potremmo trasformarlo in un angolo *muy* magnifico!

– Che idea da paura! – si entusiasmò Tenebrosa.

– E questa volta, niente giallo acido – precisò, lanciando a Vellutozzi uno sguardo terrificante.

Lui sbuffò: – E va bene! Si vede che le mie idee sono troppo all'avanguardia!

Frida correva già con la fantasia: – *Ay,* sarà pieno di aiuole, fiori e piante grasse, proprio come quello della mia Casa Azul. Un concentrato di vita, colori, profumi... come piace a me! Dovete sapere che mi prendo cura personalmente del giardino: è la mia piccola oasi di pace.

Lei iniziò a raccontare e io mi misi a scrivere.

Sicuramente nonno Torquato sarebbe rimasto strabiliato dal libro e mi avrebbe fatto i complimenti!

UNA CASA BLU... IN MEZZO AL VERDE!

(GIARDINO O OPERA D'ARTE?)

Frida amava moltissimo la Casa Azul... e il suo meraviglioso **GIARDINO!** Lo curava personalmente, come se fosse una delle sue opere d'arte.

Rigoglioso come una giungla, in ogni stagione era un'esplosione di colori vivacissimi, dal verde di palme, felci e agavi, al giallo di girasoli e fichi d'India, passando per oleandri, dalie e rose variopinte.

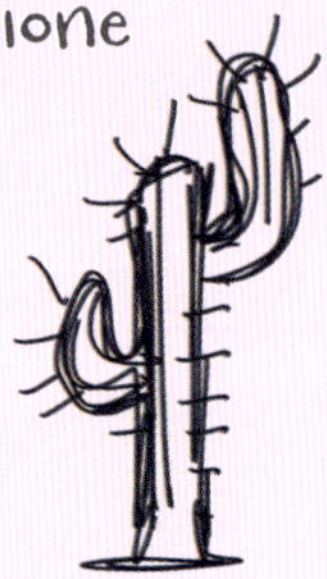

In mezzo alla vegetazione c'erano una fontana e una piccola piramide azteca: Frida e Diego la usavano per esporre le loro collezioni di **ARTIGIANATO** messicano.

Il giardino di Frida era anche la casa dei suoi **CUCCIOLI**: il pappagallo Bonito, il cerbiatto Granizo, l'aquila Gertrudis Caca Blanca, il cane Mr Xoloti e le ateles (un tipo di scimmietta messicana) Fulang Chang, dono di Diego, e Caimito de Guayabal. Erano i suoi migliori amici!

Appena Frida finì di raccontare, io e Tenebrosa corremmo a toglierci i costumi. Un attimo dopo eravamo pronti a metterci al lavoro.
Frida cominciò: – Per prima cosa dobbiamo RASTRELLARE il terreno. *¡Vamos!*
– Ci pensano *Los Fridos!* – esclamarono Benjamin e Trappy in coro.
Poi fu il momento di PIANTARE i fiori e gli alberi che Tenebrosa aveva fatto arrivare da un vivaio a consegna rapida.

Alla faccia del gorgonzola! Ce n'erano così tanti, da poter coltivare una giungla!
Frida dirigeva i lavori, componendo il giardino come se fosse una tela e le piante pennellate di colore: – I cactus **CANNIBALI** vanno di là, le calendule pestilenziali di qua, i ranuncoli rancorosi dietro l'euforbia pappasorci e accanto alla bellissima *Monstera deliciosa*!

– Esiste una pianta che si chiama *Mostro delizioso*? – chiese Tenebrosa. – Che nome stupendamente macabro!
Frida rise: – È nota anche come pianta del pane: ne ho moltissime nel mio **GIARDINO.**

Io correvo di qua e di là, portando tra le zampe vasi pesanti come forme di grana. *Puff! Pant!*
Tenebrosa mi incitava: – Sbrigati, Ciccetto! Non farmi venire la muffa ai baffi! Mancano solo gli ultimi cinquanta cactus e abbiamo finito!
Tutti eravamo super indaffarati, quando notai un'assenza sospetta.

– Ma dove sarà finito Vellutozzi? – domandai.
Tenebrosa tagliò corto: – Adesso abbiamo da fare, Ciccetto. Oh, quell'orchidea orchessa ha davvero delle ZANNE pregevoli: ottima scelta, Frida!
Forse Tenebrosa aveva ragione: non c'era motivo di preoccuparsi per l'arredatore.
Quando finimmo di lavorare, il giardino era così bello, rigoglioso e splendente, da far frullare i baffi per l'EMOZIONE!
Frida non stava più nella pelliccia dalla felicità:
– C'è tutto lo spirito del *México*: è bellissimo!
Stavamo ammirando il frutto delle nostre fatiche e della fantasia della pittrice, quand'ecco che rispuntò Orpello Vellutozzi.
E dietro di lui… avanzava un branco di creaturine piene di squame, pustole e bitorzoli: i temibili mostrilli di Castelteschio!
Il designer scrutò il giardino con i baffi che fremevano per il DISAPPUNTO: – Che cos'è tutto quest'ordine, quest'equilibrio, quest'armonia? Sono *out*! Che noia, che vecchiume! Divanosky dice che l'ultimo

grido è il *giardino selvaggio*, il modello *zolla sconvolta*, lo stile *erbaccia*… ma non temete: adesso ci penso io!

Si guardò attorno e strillò: – All'attaccooo!!!

I mostrilli non se lo fecero ripetere due volte e… si **LANCIARONO** nel giardino!

– Invadete le aiuole! Strappate le radici! Rovesciate le zolle! – li incitava Vellutozzi, mentre loro raspavano, razzolavano e smangiucchiavano.
Per mille mozzarelle, non credevo ai miei occhi: dopo l'incursione di quelle **CREATURE VORACI**... il giardino di Frida era completamente distrutto!

Un nuovo giardino

Un silenzio **esterrefatto** scese sul giardino.
Io avevo i baffi afflosciati per lo sconforto: ci avevamo messo tutto il nostro impegno ed era bastato un istante per rovinare ogni cosa!
Ma il silenzio durò poco. – Ora basta!!! – tuonò Tenebrosa. – Questo è il colmo! Se ne vada! Lei, le sue frange, il suo giallo acido e il suo giardinaggio selvaggio! Non voglio vederla mai piùùù!!!
Per mille mozzarelle! Tenebrosa era **furibonda!**
E anche Frida sembrava molto arrabbiata...
Disse tutto d'un fiato: – *Vellutacchios*, o come si chiama! Lei è un presuntuoso, pomposo, ampolloso, borioso, altezzoso… *bobo*!
– *Bobo*? – chiese Vellutozzi, perplesso. – Che cos'è? Una nuova tendenza?

Benjamin mormorò **sottovoce:** – Ehm... Vuol dire *babbeo* in spagnolo.

– Grazie! – disse Vellutozzi.

Frida continuò: – E non solo: lei è anche insopportabile come… come l'arancione becco di gallina!

A quelle parole, Vellutozzi scoppiò in **singhiozzi:**

– L'arancione becco di gallina? Noooooooooooo! *Buahuahuahuah! Buhuhuhuhuuu! Buahahahah!* Nessuno mi aveva mai detto una cosa simile! L'arancione becco di gallina nooooo! Non lo posso sopportareeeee!

Povero Vellutozzi! Gli andai accanto e gli diedi una pacca sulle spalle.

– Su, non faccia così! – cercai di confortarlo. – A tutto c'è rimedio...

Ma lui era **inconsolabile.**

– Ho esagerato! Ho fallito! Ho rovinato tutto! – singhiozzò. – Ma io… volevo solo dimostrarmi all'altezza! Volevo far vedere a tutti quant'è bravo Orpello Vellutozzi! Il maestro Divanosky mi ha sempre detto che le mie idee erano bislacche, che

non avevo gusto... Ma io amo così tanto il mio lavoro, che non ho voluto arrendermi. Vi prego, non mandatemi via. Datemi un'ultima possibilità!
Io sentii il cuore sciogliersi come il formaggio fuso: non potevo sopportare la vista di un roditore tanto affranto!
Frida e Tenebrosa non erano più furiose. Anzi, Frida sembrava sul punto di piangere anche lei!
– *Ay*, Orpello, non sia triste – disse in tono comprensivo. – Le daremo una seconda possibilità. *¿Verdad, Tenebrosa?*
– E va bene! – concesse la mia (*quasi*) fidanzata.
Vellutozzi si asciugò le lacrime con la mia cravatta e promise solennemente: – Non vi deluderò!
Poi confessò a Frida: – Ero così geloso del suo talento, che ho solo pensato a metterlo in ombra! In realtà sarei contento di imparare da lei.
Frida gli sorrise e disse: – Per essere CREATIVI non è necessario adattarsi alle mode... bisogna cercare lo stile nel proprio *corazón!*
– Ben detto! – esclamarono Benjamin e Trappy.

– In fondo – continuò Frida, – se mi fossi fatta *scoraggiare* dalle opinioni degli altri, non avrei mai partecipato a tante esposizioni d'arte. Dovete sapere che…
La nostra amica si lanciò in un racconto e io, come al solito, scrissi tutto: era materiale **PREZIOSO** per il mio libro!

GRANDI SUCCESSI

(DA NEW YORK A PARIGI... E RITORNO!)

Prima del 1938, Frida era conosciuta soprattutto come **MOGLIE** di Diego Rivera. Certo, dipingeva, ma le sue opere non raggiungevano la fama di quelle del marito. Ma quell'anno, a New York, la galleria Julien Levy organizzò una mostra dedicata a lei e... fu un grandissimo successo! Fu così che Frida dimostrò a tutti il suo talento.

L'anno successivo fu la volta di Parigi.
Arrivata nella capitale francese per partecipare a una mostra in una galleria privata, Frida diventò la prima artista messicana esposta al **LOUVRE!** L'importante museo parigino acquistò infatti il suo autoritratto intitolato 'La cornice'. Che onore!

In Francia non erano solo i suoi dipinti ad attirare l'attenzione: la pittrice era molto apprezzata anche per il suo **STILE**, che la fece finire perfino sulla copertina dell'edizione francese di 'Vogue', la famosissima rivista di moda.

Nel 1953 Frida espose i suoi quadri a Città del Messico in una grande mostra. Era un'occasione molto importante, ma purtroppo la sua salute le rendeva difficile partecipare all'inaugurazione.

Frida però non si scoraggiò e trovò una soluzione a dir poco originale: accolse i tanti amici e visitatori venuti a vedere la mostra...
su un letto a **BALDACCHINO** preparato apposta per lei nella galleria!

Quando Frida terminò il suo racconto, Vellutozzi **sognava** già a occhi aperti: – Come sarebbe bello partecipare a qualche mostra di *design*! Spero di riuscirci, un giorno.
Frida suggerì: – Potrebbe cominciare a esercitarsi con il giardino. Unendo le forze, lo renderemo di nuovo bellissimo. *¡Ándale!* Mettiamoci all'opera!
– Evviva, si ricomincia! – esultarono Benjamin e Trappy, prendendo pala, rastrello e carriola.
Fu così che tutti insieme, seguendo le indicazioni di Frida, ci rimettemmo al lavoro.
Alla fine, grazie anche all'aiuto di Vellutozzi, il risultato fu perfino **PIÙ BELLO** di prima: ora che aveva smesso di voler stupire a tutti i costi, l'arredatore aveva rivelato gusto, intuito e sensibilità.
Tenebrosa, sbattendo gli occhioni, trillò: – Ciccetto, ormai anche il giardino è sistemato: il nostro nido d'amore è quasi pronto. Potresti già cominciare a preparare la valigia...
Io iniziai a sudare e divenni **paonazzo** per l'agitazione: – Ehm… Beh… Ecco… Veramente…

– Un momento! – ci interruppe Frida. – Manca ancora un dettaglio. C'è un angolino di terra rimasto spoglio, laggiù.
– Ecco, appunto! – esclamai io. – Il **giardino** non è ancora pronto!
Orpello Vellutozzi si fece avanti timidamente e propose: – Magari potremmo piantarci... delle violette? Sono sempre state il mio fiore preferito.
– *Ay*, è un'idea *muy* carina! – approvò Frida. – Daranno un tocco di semplicità e di romanticismo.
– Mi piace! Soprattutto il *romanticismo*, vero, Ciccetto? – commentò Tenebrosa, mandandomi un bacino.
Trappy mi prese in giro: – Zio Geronim*ello* è viola come una melanzanella! Si intonerebbe perfettamente con le violette!
– *¡Muy bien!* Il *ton sur ton* è il *must* dell'anno – esclamò Frida, facendo l'occhiolino a Vellutozzi.
Lui le sorrise divertito: – Sì, è il *top* del *top*!
Anche se in quel momento non stavo più nella pelliccia per lo **STRESS**... anche io scoppiai a ridere

insieme ai miei nuovi amici, ai miei nipoti e alla mia (*quasi*) fidanzata.

Orpello Vellutozzi piantò un'aiuola di fresche

violette e per una volta fummo tutti d'accordo: al di là delle mode del momento, quei fiorellini davano al giardino un tocco veramente speciale!

¡Adiós, amigo!

Per inaugurare il GIARDINO... non c'era niente di meglio che fare merenda in mezzo al verde!
E di nuovo ci trovammo tutti d'accordo: la torta alle bacche di palude era da leccarsi i baffi!
Ma il tempo stava passando e mi accorsi che Frida scrutava l'ORIZZONTE con aria malinconica.
– *Ay*, quanto mi manca il mio *México*! – sospirò con nostalgia.
Io mi sentii sciogliere come uno stracchino al sole: era il momento di lasciare che la nostra amica tornasse nella sua epoca.
– Quando sono lontana, mi succede sempre così – disse Frida. – La nostalgia mi prende il *corazón*.
Ci raccontò dei suoi viaggi... e io presi appunti!

NOSTALGIA DI CASA

(VIAGGIARE CON L'ARTE)

Quando, nel 1930, Diego andò a San Francisco per dipingere alcuni murales, Frida lo seguì... e i due vissero negli **STATI UNITI** per ben tre anni!

Era la prima volta che Frida lasciava il Messico e la novità la entusiasmò: era affascinata dalle città americane, dove era possibile incontrare artisti e intellettuali da tutto il mondo.

Ma con il passare del tempo la nostalgia di casa si fece sentire e, nel 1933, Frida e Diego tornarono in Messico. Quando il suo stesso **TALENTO** portò di nuovo Frida negli Stati Uniti e in Europa, lei sentì sempre il bisogno di tornare nella sua terra!

Appena terminò il suo racconto, Frida annunciò:
– È tempo che vada!
Ci fece un sorriso e proseguì: – C'è ancora molto da fare qui, ma sono sicura che lei, caro Orpello, saprà portare avanti il lavoro *muy bien*... Basterà **IMPEGNARSI** a fondo e farsi aiutare dai suoi nuovi amici!
– Già... questa volta dovrà ascoltare i nostri consigli! – sottolineò Tenebrosa con un sorriso.
Poi Frida si sfilò dall'acconciatura uno dei fiori che le ornavano i capelli e lo donò all'arredatore: – Si comincia sempre con un **FIORE** per far nascere un bel giardino!
Commosso, Orpello Vellutozzi disse: – Grazie! Lo conserverò come un ricordo preziosissimo.
Poi le porse la zampa con gratitudine: – È stato un grande piacere conoscerla, Frida!
– Quest'avventura è stata *muy* emozionante. Non vedo l'ora di raccontarla al mio Diego! – mormorò la pittrice, stringendogli la **ZAMPA**.
Poi si girò verso Benjamin e Trappy e li abbracciò.

– È stato bellissimo conoscervi, miei giovani *Fridos*! Non vi dimenticherò!

I miei nipoti ricambiarono la stretta. – Anche noi non ti dimenticheremo, cara Frida!

Rivolta a me, Tenebrosa squittì: – Ciccetto, ho deciso! In onore di Frida, faremo il nostro viaggio di nozze... in Messico! Non è un'idea terrificante?

– Ehm... è ora di partire – esclamai io, paonazzo per l'imbarazzo.

Fu così che ci salutammo tutti. Io salii in macchina con Frida e sfrecciammo verso Topazia, per raggiungere la redazione dell'*Eco del Roditore*.
ASTRID ci aspettava: era davvero arrivato il momento dei saluti!
– Grazie per questa magnifica intervista! – dissi di slancio.
– *Gracias* a te, Geronimo! Sono sicura che scriverai un libro meraviglioso – disse Frida, abbracciandomi. – *¡Adiós, amigo!* Anzi... *¡Hasta luego**!

*In spagnolo significa 'arrivederci'.

Gli anelli di ASTRID cominciarono a ruotare.
– Pronti per il **TRASPORTO INTER-DIMENSIONALE!**
Frida mi chiese, un po' in pensiero: – Quanto durerà il viaggio? Arriverò in tempo per cenare con il mio Diego? E per dare un ritocchino al mio ultimo quadro? *Ay*, devo anche preparare la pappa per Bonito!
ASTRID la rassicurò: – Il viaggio durerà un milionesimo di millesimo di secondo.
– *Muy bien:* allora arriverò a casa… ***VOLANDO!*** – sorrise Frida. – Del resto, come dico sempre: a che mi servono le zampe, se ho le ali per volare?
Guardai quella roditrice piena di spirito, forza e talento che mi salutava attraversando il varco… prima di sparire in un vortice di luccichii.
La sua ultima frase era la conclusione ideale per il mio libro, ma decisi di non annotarla nel taccuino: l'avrei conservata ***per sempre nel cuore!***

FRIDA KAHLO
DATE DA NON DIMENTICARE

1907

Nasce il 6 luglio a Coyoacán (Città del Messico), nella Casa Azul.

1922

Frequenta la Escuela Nacional Preparatoria di Città del Messico per prepararsi alla Facoltà di Medicina.

1925

A causa di un incidente, che la costringe a un lungo periodo a letto, lascia la scuola. Durante la convalescenza comincia a dipingere, concentrandosi soprattutto su ritratti e autoritratti.

1928

Conosce Diego Rivera, celebre pittore di murales.

1929

Il 21 agosto si sposa con Diego Rivera.

1930

Per seguire il marito, impegnato con il suo lavoro, soggiorna a lungo negli Stati Uniti.

1934

Insieme a Diego torna in Messico: i due si stabiliscono nella casa di San Ángel.

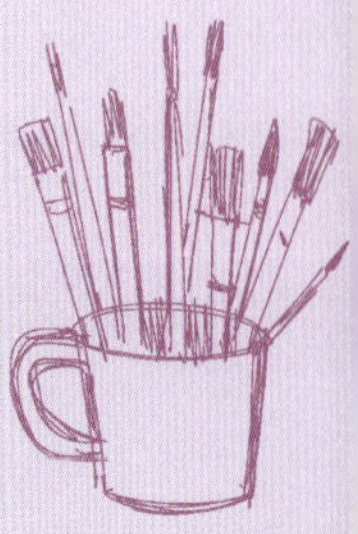

1938

Viene inaugurata la prima mostra personale dedicata a lei alla galleria Julien Levy di New York. È un grande successo.

1939

Va a Parigi per partecipare a una mostra in una galleria privata. Un suo autoritratto, 'La cornice', viene acquistato dal Museo del Louvre.
È il primo quadro di una pittrice messicana che entra a far parte della collezione permanente dell'importante museo.

1941

Si trasferisce con Diego nella sua amata Casa Azul di Coyoacán.

1943

Comincia a insegnare alla Scuola d'Arte Esmeralda di Città del Messico.

1953

Per la prima volta espone i suoi dipinti a Città del Messico.

1954

Si spegne il 13 luglio. Per volere di Diego, nel 1958 la Casa Azul viene aperta al pubblico e diventa il Museo Frida Kahlo.

INDICE

UN'INDAGINE SPAZIALE
INSIEME A NEIL ARMSTRONG!

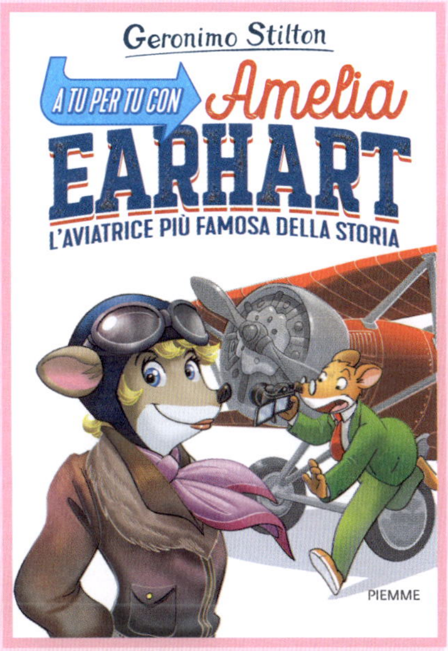

IN VOLO CON AMELIA EARHART
NEI CIELI DI TOPAZIA!

UN CONCERTO INDIMENTICABILE
DIRETTO DA... MOZART!

CASTELTESCHIO CAMBIA LOOK
GRAZIE A FRIDA KAHLO!

CARI AMICI ARRIVEDERCI AL PROSSIMO

INCONTRO (QUASI) IMPOSSIBILE